AF359714

DE L'INSTRUCTION

PUBLIQUE

SOUS NAPOLÉON,

ET

DE L'UNIVERSITÉ.

PAR Isidore LEBRUN, DE C.

DE L'IMPRIMERIE DE A. BELIN.

PARIS,

CHEZ GIDE FILS, LIBRAIRE,
RUE SAINT-MARC, N°. 20.

1814.

DE L'INSTRUCTION

PUBLIQUE

SOUS NAPOLÉON,

ET

DE L'UNIVERSITÉ.

Une Université se compose de maîtres chargés de répandre dans la société les connoissances qui lui sont les plus utiles, et d'élèves qui demandent à être rendus dignes de remplir un jour les emplois et les professions honorables. Le corps enseignant, le dépositaire des sciences humaines, est placé entre le passé et l'avenir pour transmettre à la génération naissante et aux races futures la doctrine et l'expérience des siècles écoulés : il forme une espèce de république particulière qui s'accommode à tous les genres de gouvernement, dont l'esprit public est liberté sans licence, émulation sans envie ; qui accorde ses dignités seulement aux talens et à de longs services ; tellement ombrageuse dans son administration, qu'elle réprouve la continuation prolongée de ses charges éminentes, afin de mieux assurer les droits de chacun de ses membres. Cette association vénérable de vertus et de talens veut jouir, pour prospérer, de statuts qui lui soient propres, d'une discipline qui seconde son zèle, de prérogatives qui la distinguent des autres corps de l'Etat sans la séparer d'eux, de récompenses que lui méritent les travaux les plus généreux.

C'est faute d'avoir suivi ces principes, qui découlent de l'institution même, que l'instruction a été si long-temps rabaissée et entravée parmi nous. Cependant il est vrai de dire que l'Université, depuis cinq ans qu'elle est établie, a sauvé la France de la barbarie qui déjà pesoit sur elle. Au lieu de ces écoles dites *centrales*, dont le moindre défaut étoit peut-être de ne rien approfondir, et de ces premiers Lycées (1) où ré-

___

(1) Ce ne fut que plus de deux ans après le 18 brumaire, que Buonaparte s'occupa de l'instruction publique: encore telle fut l'activité qu'il mit à établir ses Lycées, que la plupart des écoles centrales furent supprimées un an avant l'ouverture des nouvelles écoles. Un observateur compta, en l'an IX, les maisons d'éducation et les maisons de jeu que Paris renfermoit : il trouva que le nombre des premières étoit le moins considérable.

gnoient la confusion dans l'enseignement, l'ignorance dans les études, l'immoralité dans la discipline, elle a élevé des écoles qui ont inspiré
l'amour des bonnes lettres. Continuellement contrainte par un Gouvernement novateur et despotique, il ne lui a pas toujours été possible de
profiter de l'expérience des anciennes Universités ; et les parties de l'enseignement qu'elle
donne sont trop peu unies entre elles. Mais si,
pour bien juger des services que l'Université de
France a rendus à l'instruction, on doit considérer
les obstacles qu'il lui a fallu surmonter , et les
entraves qu'il ne dépendoit pas d'elle de rompre,
il est nécessaire d'examiner les circonstances
heureuses dans lesquelles elle se trouve à présent, pour apprécier et les avantages que son
organisation offre à conserver, et les améliorations qu'elle est susceptible de recevoir.

Chercher à prouver l'utilité d'une éducation
saine et libérale, entièrement appropriée au caractère national, seroit un travail bien superflu
dans un siècle aussi éclairé que le nôtre et sous
un prince qui s'est déclaré le protecteur des
lettres. Après tout ce que nous avons vu, il est
vrai de dire que la solide gloire ne consiste ni
dans l'étendue des conquêtes, ni dans la force
des armées ; mais qu'elle appartient aux empires

qui jouissent de la civilisation la plus parfaite. La France enfin est rappelée à cultiver le champ qui a le plus contribué à sa gloire propre : dans les lettres, cette moderne Athènes ne trouve pour rivale qu'elle-même.

Le système d'instruction publique qu'elle possède est le plus vaste de l'Europe. L'Allemagne est plus riche en érudits et en philologues ; mais ses écoles appartenant à de petits états, manquent de rapports entre elles. L'éducation, en Russie, pour présenter plus d'ensemble, ne paroît pas être parvenue encore à une grande prospérité. La renommée des Universités de l'Angleterre est répandue dans l'Europe : néanmoins, ces foyers de lumières sont trop écartés pour éclairer toutes les parties des îles Britanniques. Chez nous, l'enseignement se trouve plus également réparti sur tous les points, est mis davantage à la portée de tous et répond mieux aux besoins des provinces.

Il est un ; et cette unité fait sa force. Ce qui naguère étoit un de ses principaux défauts, devient une qualité, à présent que la France rendue à elle-même, n'est plus forcée de compter au nombre de ses enfans des peuples qui étoient contraints de lui obéir.

Les principes qui ont fait établir cette unité,

conviennent à l'époque actuelle. « L'instruction, disoit le Ministre de l'Intérieur en 1808, n'est pas seulement l'instrument propre à perfectionner la raison ; elle est encore la garantie de l'établissement social : tout pays où il n'y aura qu'une opinion sur la constitution, le gouvernement et les lois, sera préservé des dissensions civiles, ou, tout au moins, du caractère dangereux qu'elles pourroient contracter. Pour assurer d'aussi grands avantages, le gouvernement qui veille et agit pour la société entière, doit diriger et surveiller l'instruction publique. »

Un des vices capitaux des divers régimes révolutionnaires qui ont désolé la France, a été d'adopter pour toutes les parties de l'État une uniformité qui répugnoit souvent aux localités. Composer des systêmes généraux paroissoit le propre de la sagesse : s'il en étoit ainsi, les générations futures courroient bien risque de manquer de sagesse, car que n'a-t-on pas mis en systême ?

L'unité dans l'instruction est de son essence : on n'en peut dire autant de l'uniformité dans la manière de la donner. La vraie doctrine convient à tous les temps et à tous les lieux ; mais il est des nuances qu'il faut laisser aux professeurs à employer selon leurs talens ; les écoles n'étant pas aussi nombreuses les unes que les autres, ne comportent pas toutes un professeur par chaque classe; et c'est entraver les études, que d'accorder à des colléges des chaires qu'on refuse à d'autres qui sont du même degré.

Une nouvelle génération de professeurs s'est élevée à côté des maîtres des anciennes universités : elle s'est formée à leur exemple et éclairée par leurs lumières : en sorte que la tradition n'a pas été interrompue et que la doctrine s'est purement conservée. Les changemens que les mœurs ont éprouvés n'ont pu l'altérer : ils n'ont eu d'influence que sur le genre de vie des professeurs. Autrefois la plupart des chaires de l'Université étoient occupées par des prêtres : aujourd'hui, l'enseignement est devenu le partage des littérateurs et des savans que leur amour pour la science, des talens et un zèle sincère, destinent à la profession pénible et honorable d'instruire la jeunesse. L'Eglise, dont les besoins sont si pressans et les ressources si bornées, réclame tout le savoir que possèdent ses ministres. Les membres de l'Université étant donc réduits aux seuls avantages qu'ils acquièrent par leurs fonctions, doivent jouir de traitemens qui excluent en même temps les besoins et le superflu : rapprochés de la société, il faut qu'ils y paroissent avec la dignité qui convient à leur rang. Quelque chose que des censeurs atrabilaires disent contre ces mœurs, elles existent ; il est nécessaire de composer avec elles : vouloir les réformer par une brusque austérité, ce seroit enlever à l'Université les jeunes professeurs qui font son espoir ; et ce n'est pas plus connoître l'esprit du siècle en proposant le rétablissement des confréries, qu'en astreignant les professeurs au célibat. Ils se doivent d'abord à la retraite ; mais le commerce du monde fait perdre au caractère de sa rudesse et à la science de son austérité ; et il amortit ces passions tracassières qui tourmentent les hommes qui vivent continuellement près les uns des autres. Et que de moyens possède l'Université pour faire régner entre ses maîtres la confraternité qui embellit leurs fonctions, et inspire pour eux plus de confiance et de respect !

Rien n'appelle de plus prompts remèdes que la dépravation des mœurs qui, depuis plusieurs années, a pénétré du milieu du monde dans les écoles. On ne parle pas ici de cette époque première de la révolution où il n'y avoit plus ni règle, ni loi, et où c'étoit un crime d'entretenir les élèves de la morale : il falloit bien, pour qu'un autre ordre de choses s'établît, qu'on changeât une semblable éducation. Le Gouvernement impérial donna à la jeunesse une direc-

tion qui ne lui fut pas moins pernicieuse. Il lui
ouvrit des Lycées ; mais c'étoit à condition que
ces écoles seroient des espèces de casernes ; et en
effet, elle y conçut plus d'ardeur pour l'art militaire que de goût pour les lettres (1). Les leçons
des maîtres n'étoient plus capables de préserver
leurs élèves de l'égoïsme qui tyrannisoit la société, de l'orgueil qui tourmentoit la tourbe des
parvenus, de l'ambition qui possédoit tous les
rangs et ne laissoit personne content de son état.
De là des études superficielles, une indiscipline
opiniâtre, et une présomption bien ridicule dans
un âge que ses besoins mettent continuellement
dans la dépendance de tout ce qui l'entoure. A
voir le désir effréné de parvenir qui s'étoit em-
paré de lui, on eût dit que l'expérience avoit
devancé le cours des années, et que la raison

_____

(1) Les Lycées avoient été organisés à l'instar du
Prytanée. Visitant cette école en l'an IX, Buonaparte
ordonna de livrer soigneusement les élèves aux exercices militaires, pour former leurs corps par la gym-
nastique, et en même temps pour être la sauve-garde
de l'ordre extérieur et de la discipline. A Saint-Cyr,
il fit manœuvrer les jeunes gens, qu'il appeloit les enfans des braves morts pour la République, et il observa
scrupuleusement leur maintien, redressant les nouveaux
élèves qui n'avaient pas encore de contenance ou dont
l'attitude étoit négligée.

avoit pris la place de la frivolité et de l'irré-
flexion. Ce vice est extrême, aussi est-il facile
à extirper.

Quoique les révolutions causent beaucoup de
changemens dans l'administration des empires
qui ont été agités par elles, il ne s'y en opère
jamais autant que certains en proposent. Il sem-
ble qu'il n'y a de restauration que par une des-
truction entière. Ces hommes, espèces de nova-
teurs, alors même qu'ils ne veulent revoir que
les choses antiques, ne sont frappés que des
abus des institutions présentes ; et ils considèrent
uniquement les qualités des institutions anciennes. Qui ne convient que l'Université ne
s'est pas préservée de la contagion générale ; que
le despotisme du chef de l'Etat a été imité par
des supérieurs envers leurs subordonnés ; que
l'arbitraire a commandé les changemens ou la
destitution de plusieurs autres ; que l'intrigue,
plus que le mérite, a porté un bon nombre à
des places élevées ? Mais l'organisation et la
composition de ce corps de l'Etat offrent de
grands avantages et beaucoup à conserver. La
sagesse du Roi assure qu'il saura les reconnoître
et les purger de leurs abus : néanmoins, il est
toujours nécessaire de dévoiler ces abus, surtout
ceux qui n'attaquent que quelques parties de

de l'instruction publique : les vices les moins apparens sont quelquefois les plus difficiles à corriger.

Facultés. Il étoit autant de la justice que de l'intérêt de l'Université et du Gouvernement de pourvoir au sort des anciens professeurs qui avoient survécu aux désastres de la première révolution ; mais parmi ces vétérans de l'instruction, plusieurs éprouvoient les infirmités de l'âge, beaucoup avoient enduré les rigueurs de l'exil, et ils avoient été presque tous détournés de l'enseignement pendant un long espace de temps. Une honorable retraite étoit ce qu'il leur convenoit : on les appela à de nouveaux travaux ; quelques-uns même furent chargés de cours qu'ils n'avoient jamais professés. La latitude qu'on leur laissa, ajouta à leurs embarras : ils eurent à redouter la comparaison avec les écrivains célèbres qui, avant eux, avoient traité les parties qu'ils enseignoient. D'ailleurs ils ne pouvoient exiger que de l'attention et de l'exactitude de leurs élèves : il n'y avoit plus pour ceux-ci de compositions et de discussions. Des Professeurs d'histoire les entretenoient longuement de la science numismatique et des disputes chronologiques, tandis que la critique de l'histoire devoit les occuper seulement pendant quelques leçons.

Le décret du 17 mars 1808 sembloit dispenser les élèves de suivre les cours de plusieurs Facultés. Il les établissoit auprès des Lycées, chefs-lieux d'Académie ; c'étoit le seul rapport qui subsistât entre ces écoles. On enseignoit dans les Lycées les élémens d'histoire, et les professeurs de mathématiques transcendantes, de philosophie, de rhétorique, d'histoire naturelle, étoient le plus souvent chargés de ces mêmes cours dans les Facultés des Sciences et des Lettres. Les jeunes gens très-peu nombreux qui aspiroient aux grades de Licenciés et de Docteurs dans les Sciences ou dans les Lettres, étoient donc les seuls qui suivissent les cours de ces deux Facultés : elles ne pouvoient attendre ni ceux qui se préparoient pour être admis dans les écoles militaires, ni la foule immense des élèves qui, n'ayant pas le bonheur d'être infirmes, s'empressoient de prendre un état avant que la loi de la conscription les atteignît ; car qu'étoit-il besoin de travailler à embellir, par la culture des lettres et des sciences, une vie dont le terme devoit être si rapproché ? Heureux aussi les parens qui ne caressoient pas de trop flatteuses espérances sur le sort de fils dont ils étoient condamnés à déplorer la perte !

Tout dans le système d'instruction favorisoit

l'empressement des jeunes gens à finir leurs études. A 16 ans, les écoles de Droit et de Médecine s'ouvroient pour eux, et trois ou quatre ans après ils en sortoient médecins ou avocats. Ainsi ils devenoient les défenseurs de l'honneur et de la fortune ou les maîtres de la vie des autres hommes, avant qu'ils fussent eux-mêmes majeurs. Il est vrai que ces avocats et ces médecins en tutelle faisoient les uns un stage de deux ans, les seconds un autre stage qui soûvent est plus long ; mais ils n'en avoient pas moins, à cet âge, le droit d'exercer.

Le Gouvernement choisissoit même des juges et des conseillers-auditeurs parmi ces novices avocats. Il gagnoit les pères en s'attachant leurs fils, qu'il dirigeoit plus dans son esprit que dans la science. Ces jeunes gens devoient croire le meilleur des gouvernemens possibles, celui sous lequel ils passoient des bancs des écoles sur ceux de la magistrature, et devenoient tout à coup administrateurs, diplomates, conseillers de l'état.

Mais ces institutions peuploient-elles le barreau et la judicature d'habiles orateurs ? Nullement. Elles contribuoient au contraire à augmenter la décadence de l'éloquence. Non, cependant, qu'on manquât de gens qui se piquassent de bien dire. Jamais il n'a été composé tant de phrases que sous le gouvernement de Buonaparte : c'étoit la manie principale de cette époque. On se rappelle avec quelle affluence arrivoient de toutes les parties de la France d'alors aux pieds du trône impérial des adresses bien fournies d'éloges, d'images aussi gigantesques que le génie de l'orateur de chaque lieu avoit pu en rencontrer ; le tout exprimé en style néologique ; car le langage commun ne suffisoit pas pour louanger un état de choses aussi extraordinaire. Chaque ville bientôt auroit été obligée de salarier un *phrasier*, comme elle paie un architecte, des commissaires de police.

Ces idées d'exagération et de mensonge, qui sont à peine calmées, demandent de prompts remèdes : le plus sûr est de diriger les études vers un but grand, élevé, et de porter la jeunesse à la méditation des bonnes lettres. Il est un ordre de connoissances qu'on est en droit d'exiger de ceux qui prétendent aux états les plus distingués. Les Facultés des Lettres et des Sciences doivent être destinées à compléter les études des colléges et à préparer la jeunesse à suivre les écoles de Droit, de Médecine et de Théologie, ainsi que l'école polytechnique.

Puisque l'expérience prouve que les élèves sont capables, à 16 ans, de terminer leur cours d'études dans les colléges , peut-être seroit-il bien d'astreindre ceux qui se destinent au barreau , à la médecine et à la prêtrise, à suivre le cours de physique soit de la Faculté des Sciences de leur académie , soit du collége où ils auroient étudié la philosophie. La physique a fait tant de progrès , et son étude sert tant à la vraie philosophie , qu'elle doit former une partie essentielle de l'instruction. L'histoire n'est pas moins nécessaire à ces mêmes élèves. En vain on dit qu'elle s'apprend par la lecture des historiens. Le peu de connoissances qu'on a communément de cette science, prouve assez le besoin de s'y livrer spécialement. Les cours de littérature grecque, de littérature latine et de littérature française devroient être d'obligation pour les élèves qui veulent entrer dans les écoles de Théologie et de Droit. Le cours d'histoire naturelle, retranché de l'enseignement des lycées et conservé dans la Faculté des Sciences, seroit comme préparatoire à l'admision dans les écoles de médecine.

Toutes ces études diverses ne demanderoient aux élèves que deux ans. On sent que , par elles, leur esprit acquerroit de la maturité, que leur jugement deviendroit sûr, leur goût épuré, et qu'ils seroient ainsi en état de faire une juste application des principes dont ils se seroient pénétrés. Tels sont les principaux avantages que la conservation des Facultés des Lettres et des Sciences peut produire, et certes ils ont très-importans.

Les élèves sont capables alors d'entrer dans les Facultés supérieures ou du deuxième degré. La Théologie explique la morale et les grands principes du bien ; mais les cours de Code civil ne sont pas suffisans pour développer les règles du droit public : cette étude est distincte de celle de la législation d'un pays ; elle doit même précéder celle-ci (1). Lorsque la France sembloit être condamnée à une guerre perpétuelle, puisque la guerre étoit mise même dans la paix, il étoit bien inutile d'ouvrir des cours de droit commercial. Un systéme si funeste est enfin disparu : il paroîtroit nécessaire d'établir des chaires de droit public et de droit commercial, que les suppléans des Ecoles de Droit occuperoient au moins provisoirement. L'intérêt du négoce et le respect qui doit entourer les tribunaux de

____

(1) Quand on considère que l'étude de la procédure devant les tribunaux prend la cinquième partie des cours de Droit, on gémit ou de ce que la mauvaise foi oblige à tant de formalités, ou de ce qu'un gouvernement cupide trafiquoit des malheurs et des contestations des citoyens.

commerce réclament aussi que les avocats soient seuls chargés des affaires qui dépendent de leur juridiction.

Après trois ou quatre ans passés dans les écoles de droit, les élèves entreroient dans le barreau; et ils ne seroient âgés que de 24 ou de 25 ans lorsqu'ils finiroient leur stage. Les tribunaux trouveroient alors parmi eux des juges-clercs instruits. Reste néanmoins à examiner si les simples tribunaux civils doivent continuer à avoir des juges-auditeurs ; si ce n'est pas comme profiter du dégoût causé par les commencemens de la plaidoierie, pour offrir à des jeunes gens des places qui leur demandent un temps fort long avant de leur devenir avantageuses ; si deux années de stage, passées souvent sans pratiquer, suffisent pour instruire un jeune magistrat de la science de l'avocat, qui est si différente de celle du juge, et que celui-ci doit nécessairement connoître.

Lycées. Les écoles du deuxième degré sont appelées Lycées. Doivent-elles conserver ce nom ? On n'y enseigne que les élémens des sciences et des lettres ; elles ne ressemblent donc ni au Lycée où Laharpe et plusieurs autres écrivains célèbres donnèrent leurs leçons, ni à celui d'Athènes, dont le professeur fut Platon.

On demande où sont ces Lycées « qui par l'éclat de leurs lumières et de leurs succès ont frappé jusqu'aux regards de l'étranger, et qui ont été pour eux ce qu'étoient naguères pour nous quelques écoles célèbres d'Allemagne et d'Angleterre, ce que furent quelques universités fameuses qui, vues dans le lointain, commandoient l'admiration et le respect de l'Europe (1). » (*Exposé de la situation de la République, an X.*)

Les lycées rencontrent encore beaucoup de détracteurs. Il est incontestable que leur organisation exige un grand nombre de réformes ; ne seroit-ce que dans le mode d'admission des élèves placés par le gouvernement, et dans la loi qui oblige les villes à payer à ces écoles des bourses pour lesquelles beaucoup d'enfans partagent la répugnance de leurs parens, ou que des étrangers remplissent de préférence aux jeunes gens natifs de ces villes. Ces fondations, jusqu'ici sans une utilité marquée, enlèvent des sommes considérables que réclament impérieusement les

---

(1) Il est sans doute utile de rappeler ainsi les principaux discours de Buonaparte et de ses ministres, pour mieux faire juger jusqu'à quel point il trompoit la nation : c'est en partie ce que je me suis proposé de faire dans les *Mémoires historiques sur Napoléon Buonaparte,* que je vais publier prochainement.

écoles primaires, principalement les colléges dont la plupart de ces villes sont pourvues.

Colléges. Ces écoles sont les plus appropriées au besoin général de l'instruction publique : par les matières de leur enseignement et par leur nombre, elles répandent directement dans la société les connoissances les plus nécessaires. Aussi des écrivains très-distingués n'ont-ils pas balancé à regarder les colléges comme composant spécialement l'instruction nationale. Mais le gouvernement impérial qui cherchoit à rassembler la jeunesse dans ses Lycées pour mieux l'élever dans ses principes, ne fit jouir les colléges d'aucun avantage, et il mit des obstacles continuels à leur prospérité.

Le premier, mais le moins funeste, fut la facilité avec laquelle il permit aux conseils municipaux d'établir des colléges. Ne considérons pas quel étoit le nombre de ces établissemens avant la révolution, parce que le goût pour l'étude étoit bien plus général. Cinq cent dix colléges ne pouvoient que se nuire dans la France de 1813, car ils étoient fréquentés seulement par 50,000 élèves dont le quart étoient pensionnaires. Chaque maison n'avoit donc à espérer que 98 écoliers ; mais plusieurs n'en comptoient pas 25 ou 30. Trop rapprochés pour les localités, tant de colléges servoient peu les études, et étoient à charge à de petites villes dont les revenus sont très-bornés. On n'ajoutera pas que multiplier les colléges, c'est multiplier le nombre des maîtres , sans augmenter peut-être le nombre des professeurs habiles.

Aucun des écrivains qui se sont occupés de l'éducation publique n'avoit imaginé qu'il pût se trouver un gouvernement assez cupide pour lever un impôt sur l'instruction, assez tyrannique pour mettre à la charge des familles l'espèce de générosité qu'il exerçoit en faveur des enfans de ses serviteurs les plus dévoués : une telle mesure étoit réservée au régime impérial. Sans doute l'établissement de l'Université entraîna de grandes dépenses, et, outre qu'elle a à payer bon nombre d'employés à de forts appointemens, il faut qu'elle soutienne la plupart des Facultés de Théologie, des Lettres et des Sciences (1): ajoutez qu'elle est privée de presque toutes les riches dotations des anciennes Universités. Mais le Gouvernement

---

(1) En 1813, les Facultés des quarante Académies comptoient environ neuf mille auditeurs. Les Ecoles de Médecine et de Droit en avoient les deux tiers. Restoient à peu près trois mille jeunes gens pour fréquenter les cinquante-neuf Facultés de Théologie, des Sciences et des Lettres alors en activité.

qui nous vantoit sans cesse l'état prospère de ses finances ne pouvoit-il tirer quelques millions de ses nombreux trésors ? On est en droit d'assurer que l'entretien de l'Université entière ne lui auroit pas coûté autant que celui d'une brigade de cavalerie. Les impôts furent continuellement augmentés, et les pères de famille furent encore obligés d'acquitter le droit universitaire. Il est égal au vingtième du prix de la pension. Si l'on calcule très-modérément cette pension à 400 fr., le vingtième produit, seulement pour les Colléges, un million (1). On croira qu'au moins le Gouvernement gratifioit ces établissemens d'une partie de cette somme. Point du tout. Il s'en servoit pour payer les maîtres ? Nullement. Ils n'avoient rien à prétendre dans des sommes amassées par leurs travaux. Les villes et les parens étoient forcés de fournir encore leurs traitemens.

La rétribution acquittée par les familles, jointe au droit universitaire, élèvent les frais d'instruction à un taux excessif, qu'on n'a jamais connu : néanmoins, cette rétribution ne suffit pas pour que les régens jouissent d'une juste indemnité

____

(1) Son Exc. le Grand-Maître, il est vrai, a dispensé du droit universitaire des élèves peu fortunés.

de leurs peines. L'établissement de l'Université les a affranchis, pour les études, de l'inspection des bureaux municipaux, et certes ils n'ont pas dû les regretter ; car on a vu un de ces bureaux d'inspecteurs composé d'un employé des Droits-réunis, d'un aubergiste et d'un marchand de chevaux ; mais les Colléges restent encore, pour leurs dépenses, dans la dépendance des municipalités. Ils sont toujours exposés aux délibérations de Conseils qu'une foule de considérations peuvent égarer. Par exemple, il y en a eu qui, fâchés de voir des régens envoyés dans leurs Colléges par le Grand-Maître de l'Université, sans qu'ils les eussent demandés, leur ont refusé d'abord des traitemens : d'autres, afin de favoriser quelques créatures, ont établi un mode inique et absurde de répartir les rétributions. On connoît un Conseil municipal qui a fait de son Collége, comme de ses Halles, etc., une source de ses revenus ; car il n'accordoit que 900 fr. à chaque régent, et il se réservoit la recette des rétributions, qui surpassoit toutes les dépenses. Un maire a osé déclarer qu'il n'allouoit pour tout traitement, aux régens de sa ville, que 700 fr., parce qu'ils ne lui convenoient pas. Et l'on a reproché à l'Université de trop payer ses fonctionnaires ! Certes, si elle mérite ce reproche, ce n'est pas à l'égard des régens, auxquels elle ne donne rien. Mais il auroit été juste aussi de considérer les obstacles de toute espèce qu'elle rencontroit ; on eût vu en même temps tout le bien qu'elle n'a cessé de faire.

Si des villes traitoient leurs régens, on ne dira pas avec générosité, car il ne peut y en avoir lorsqu'on récompense des travaux inappréciables, mais d'une manière convenable, ils n'étoient pas plus assurés de leur sort. Le Conseil de l'Université qui, le premier, examinoit les budjets, retranchoit quelquefois de la somme allouée, afin de mieux assurer le paiement du reste : l'Empereur ne lui faisoit pas moins subir une seconde réduction. Voici une preuve de ces injustices *impériales*. Un décret daté de Dresde, quelques jours avant les batailles de Leipsick, diminua les traitemens des régens d'un collége, pour les uns de la moitié, pour les autres des quatre septièmes ; en sorte que les régens de grammaire ne reçurent que 1,000 fr. et celui des classes élémentaires 900 fr. ; cependant il est impossible de se procurer dans la ville qu'ils habitent une pension, seulement pour la table, à moins de 750 à 800 fr. ; et Buonaparte le savoit si bien, qu'il a gratifié la plupart des administrations qui y résident, d'un supplément de traitement d'un quart et d'un tiers. Et de vils flatteurs vantoient son goût pour les lettres, et son équité (1)! Il étoit admirable sans doute ce gouvernement qui laissoit ses créatures s'élever par le crime et s'engraisser par les malheurs publics, et qui désespéroit des fonctionnaires publics, et leur ravissoit l'indemnité légitime de bien pénibles travaux!

Voilà où aboutissoit cette carrière honorable que l'Université offroit aux professeurs en assurant leur existence contre les malheurs des infirmités et de l'âge ! (*Disc. du Ministre de l'intér.* 1808.)

Et qu'on ne croie pas que les régens fussent dédommagés par quelques avantages particuliers? Aucun rang dans les cérémonies publiques pour les maîtres qui préparent à l'Etat ses administrateurs et ses magistrats. Un costume leur est assigné ; c'est celui des avoués, sans qu'on leur permette seulement de le différencier par la chausse des Facultés dans lesquelles ils sont gradués : ils ont le droit de porter une palme, qui n'est pas une décoration : on daigne leur pro-

____

(1) Citons encore le trait suivant. Le budjet de Lyon, pour l'an XI, fixoit ses dépenses à 1,797,175 fr. Buonaparte allouoit 97,650 fr. au commissariat de police : le Lycée qu'on commençoit à établir dans cette ville avoit à employer 15,000 fr.

poser comme récompense de longs services,
le titre d'*officier d'académie*. Distinction bizarre,
mais qui ne doit pas surprendre de la part d'un
gouvernement militaire ; car il pouvoit aussi
bien nommer un professeur officier, qu'un évê-
que ou un juge légionnaire, officier ou com-
mandant de légion. Toutes les charges que sup-
portent les autres citoyens, pèsent aussi sur les
membres de l'Université. Comme leurs élèves,
ils sont arrachés de leurs classes par la conscription. Pendant leurs leçons, ils ne sont pas
même à l'abri des insultes et de la violence de
la force armée (1). Fonctions pénibles, inquié-
tudes sur leurs moyens d'existence, vexations

---

(1) Voici un fait dont j'ai été témoin, comme j'ai
été la victime de la plupart des abus rapportés dans cette
brochure. A la fin de janvier dernier, je satisfis à la loi
de la conscription avec deux de mes élèves de rhétorique. Un d'eux, désigné pour être soldat, se procura
un remplaçant né dans un autre département que le
sien, c'est-à-dire, d'après une expression vulgaire qui
peint l'époque de nos malheurs, qu'*il acheta un homme*.
Ce rhétoricien fut placé aussitôt dans les grenadiers
de la cohorte de son canton ; et parce qu'il refusa d'entrer aussi dans la cohorte de la ville dans laquelle il étu-
dioit, sept soldats, armés de fusils et munis d'un ordre
de leur chef, vinrent, pendant ma leçon, saisir cet
élève, et le traînèrent à la prison publique.

continuelles de toutes les espèces, voilà ce qui est réservé aux professeurs. Si, désespérés de tant d'injustices, ils veulent abandonner une carrière qui ne leur présente que travaux dans leur âge mûr , sans récompenses dans leur vieillesse, ils n'ont pas même la liberté de fuir tant de maux. Ils devoient attendre six mois l'autorisation de quitter l'Université, sous la peine, en 1808, de ne pouvoir entrer dans aucune administration ; en 1811 , d'être condamnés à un an de prison ; et les tribunaux civils leur infligeoient cette punition. Certes, s'il y avoit eu à Rome une Université , Néron se seroit applaudi d'avoir fait de pareilles lois.

Le gouvernement avoit étendu jusque sur les colléges son systême funeste à tant de familles, de placer ses employés loin de leur pays. Mais le caractère d'une province ne convient pas à un autre : il est difficile qu'un Gascon s'accommode avec un Normand : rassembler dans un même établissement des maîtres qui y apportent l'accent de leurs contrées, n'est-ce pas y mettre la confusion des langues? Enfin, c'est décourager et offenser les membres d'une académie que de les supplanter dans l'avancement par des étrangers : n'importe. L'Université, aux yeux de Buonaparte, n'est qu'une régie, ses membres doivent être traités comme des commis. Qu'ils ne réclament pas les priviléges qui conviennent à leurs fonctions : il n'en existe plus pour eux : le gouvernement a peur des principes généreux des professeurs : eux seuls lui ont refusé ces adulations que tous les autres corps lui ont tant prodiguées ; et ils ne se sont jamais écartés de cette sagesse pratique qui les honore et qui le désespère. Il les place donc sous la surveillance des autres administrations : ils ont pour premiers inspecteurs des procureurs-généraux et impériaux, des préfets, des sous-préfets, des maires, etc. Un membre de l'Université est-il intéressé dans une affaire judiciaire ? le procureur-général doit en être informé : un procureur-impérial a le droit de fermer une école, d'en disperser les élèves ainsi qu'il l'avise bien : son avis prévaut sur celui des inspecteurs de l'académie. S'il faut que l'Université ne puisse pas être affranchie d'une pareille discipline (ce qui est très-douteux), que ces inspections, du moins, lui soient profitables. Que les visiteurs ou inspecteurs soient accessibles pour tous ; que les chefs des établissemens de l'Université jouissent des droits qui conviennent à une administration forte ; que l'intrigue ne l'emporte plus sur le mérite, et que la calomnie et la prévention soient impuissantes dans une association fondée sur la vertu : qu'aucun supérieur n'oublie plus que les mesures injustes, toujours si désespérantes pour des hommes de lettres, nuisent moins encore à ceux qui en sont les victimes, qu'à l'autorité par laquelle on les exerce : qu'enfin le pouvoir est ridicule s'il est foible, et odieux s'il est despotique.

L'état actuel des finances du royaume empêchera peut-être encore que les régens reçoivent du gouvernement un traitement fixe, tel que le réclament et leurs besoins et leurs fonctions. Dans ce cas, il seroit nécessaire d'exiger des Conseils municipaux qui veulent conserver leurs colléges, qu'ils missent à la disposition de l'Université la somme jugée convenable à la dépense de ces établissemens, et calculée d'après le *minimum* des rétributions. Rien ne seroit retranché de cette somme, quand même elle excéderoit le traitement ordinaire des régens; car ou les localités commandent cette augmentation, ou les villes cherchent par elle à s'attacher leurs régens et à récompenser leurs services.

On a accusé l'administration de l'Université de mesures vexatoires envers les institutions : il est facile de voir cependant que le gouvernement étoit le seul coupable, puisqu'il vouloit que tout

Institutions et Pensions.

devînt école militaire et fût sous sa surveillance directe. Mais cette quatrième espèce d'établissemens est-elle aussi nécessaire que certaines gens intéressées à la chose le soutiennent? Smith, et plusieurs écrivains avec lui, sont d'avis que l'instruction soit abandonnée aux entreprises particulières : beaucoup de publicistes pensent au contraire que les gouvernemens doivent offrir à tous les moyens d'instruction. En effet, comme la justice, elle est la première dette du souverain envers ses sujets : le trône est l'appui immédiat qu'elle réclame : l'abandonner à des individus pour épargner au trésor d'acquitter les dépenses qu'elle exige, c'est manqner aux principes d'une administration paternelle et libérale. En vain on prétendra que l'émulation qui régneroit entre les écoles tenues par des particuliers, tourneroit en entier au profit des études : cette émulation se changeroit souvent en rivalité et en jalousie. Que si l'on citoit des maisons d'éducation qui jouissent depuis de nombreuses années d'une juste célébrité, on opposeroit avec avantage une foule de maîtres de pension, vrais charlatans, qui songeoient uniquement à s'enrichir, ou qui, se nuisant par leur nombre, finissoient, après de pénibles efforts pour soutenir leurs écoles, par la banqueroute. En 1813, on comptoit dans l'Université 1877 pensions et institutions qui avoient 47,000 élèves; c'est-à-dire que chacune de ces maisons n'avoit pas à espérer 26 écoliers. Que de familles, que de jeunes gens ont à se plaindre de la fatale liberté d'enseigner, naguère accordée à tous! Enfin l'anarchie, il y a quelques années, étoit aussi dans l'instruction publique : l'Université l'a réprimée, et les études se sont améliorées.

Mais les institutions ne peuvent-elles exister auprès des colléges et des lycées? Oui, pourvu qu'elles ne soient pas multipliées autour de ces établissemens principaux de manière à les ébranler ; oui, si les chefs de ces maisons parviennent à trouver des collaborateurs capables ; oui, et c'est peut-être le seul cas où elles doivent subsister, oui, si elles sont placées dans les villes dépourvues de colléges ou qui manquent de ressources pour soutenir ceux qu'elles possèdent.

C'étoit un mode bien préjudiciable aux études, que de rassembler dans une seule école tous les enfans d'une grande commune. Pour les élèves, il y avoit perte de temps considérable, pour les maîtres impossibilité d'étendre leurs soins sur un si grand nombre. Les classes, il est vrai, pouvoient être dédoublées; mais ce n'étoit pas remédier au premier défaut ; et puis on a tellement diminué les avantages des places d'agrégés, qu'elles étoient, pour ainsi dire, sans traitement.

A présent que rien ne contraint plus de rejeter les leçons de l'expérience, d'autant plus importantes à suivre qu'elles sont concordantes avec le vœu de la plupart des familles, il seroit utile d'établir, mais seulement dans les grandes villes, plusieurs colléges pour les externes. Si les bâtimens des anciens colléges étoient aliénés ou démolis, et si ces villes ne fournissoient pas des locaux convenables, on éleveroit au rang de colléges les institutions les plus favorablement situées et les plus renommées.

On ne peut nier qu'il ne se trouve parmi la foule des maîtres de pension des hommes habiles : ce seroit servir l'instruction autant que leur intérêt propre, que de les employer, soit dans l'enseignement, soit dans l'administration des lycées et des colléges. Bon nombre de ces établissemens manquent de chefs dignes de leurs fonctions : jamais leurs places n'auroient dû devenir les emplois de ceux qui n'en avoient pas, ou qui étoient étrangers à l'enseignement.

Enfin, s'il est reconnu, et cela est incontestable, qu'élever un nombre d'écoles disproportionné avec les besoins, c'est nuire à la plupart d'entr'elles, sans servir directement l'instruction :

on demande, vu la quantité de pensions qui sont ouvertes dans la capitale, s'il n'est pas plus avantageux pour la société, que les jeunes gens fassent leurs cours d'études dans leurs départemens, sous les yeux de leurs parens, au milieu de leurs concitoyens, avec les enfans de leur âge, auxquels ils seront liés un jour par tous les rapports, que de les laisser aller remplir les classes particulières de Paris.

Encore une réflexion. Si les infractions aux lois doivent être en raison de la multiplicité de celles-ci, on ne peut pas être surpris d'en voir tant se commettre dans le régime actuel de l'Université. Elles résultent aussi du vague de quelques-unes des dispositions de ses statuts. Une des plaies les plus sensibles à l'instruction, provient de ces écoles clandestines, ouvertes de toute part, et qui enlèvent à certains colléges jusqu'au quart des jeunes gens qui étudient dans leurs arrondissemens. On a tout fait pour prévenir les fraudes des maîtres de pension, et l'on n'a pas sévi assez contre ceux qui colportent de maison en maison une mauvaise instruction, ou qui reçoivent furtivement chez eux des écoliers. Des peines, il est vrai, sont portées contre ceux qui enseigneroient publiquement sans autorisation : mais qu'entend-on par cette expression *publiquement ?*

Si c'est afficher une école; eh bien, les gens dont il est question sont assez rusés pour se faire connoître des parens, sans employer ce moyen. Les magistrats chargés de les poursuivre, ou sont arrêtés par l'espèce d'enquête qu'il leur faudroit entreprendre pour constater ces contraventions, ou cèdent à des considérations particulières, trop ordinaires surtout dans les petites villes. Et quels sont ces maîtres prévaricateurs? Des gens dont l'Université a rejeté les services, de jeunes clercs encore sur les bancs, des hommes qui ne savent pas se contenter de leurs fonctions, une foule d'intrigans qui fondent leurs moyens d'existence sur la foiblesse ou l'ignorance des familles.

Ecoles primaires
On a déjà proposé de rétablir des confréries pour l'enseignement primaire. C'est sans doute ce qu'il y a le plus à souhaiter pour les mœurs et l'instruction. Il ne faut plus voir des domestiques ouvrir des écoles. Il est de ces maîtres qui sont parvenus jusqu'à quarante ans sans avoir étudié la grammaire et l'arithmétique, et qui enseignent à présent, même dans de grande villes, les mathématiques et la grammaire française, au détriment des classes élémentaires ouvertes dans les colléges.

Langues vivantes.
Il reste à parler de maîtres dont il est instant

que le Gouvernement s'occupe. Il s'agit, non des maîtres d'agrémens et de dessin, dont il seroit bon toutefois que les traitemens ne fussent pas plus avantageux que ceux des régens ; mais des maîtres des langues vivantes.

La violence et l'usurpation n'attachent plus les peuples étrangers à une domination odieuse à tous : la haine ou la terreur n'entonreront plus le Français qui visitera l'Italie : dans l'Allemagne comme dans l'Espagne et l'Angleterre, il pourra entretenir avec sécurité et loyauté tous les rapports commerciaux et politiques ; et déjà les autres nations de l'Europe accourent dans notre belle patrie admirer plus encore l'esprit de ses habitans que la richesse de son sol et la magnificence de ses villes. Ce merveilleux changement, nous le devons à la paix. Elle sera longue et durable, car elle est fondée sur les liens qui unissent toutes les parties de l'Europe, sur le besoin de s'aimer que ressentent les nations, et sur les malheurs qu'elles ont éprouvés : un des moyens les plus efficaces de la consolider encore, parce qu'il contribue à entretenir les communications, consiste à favoriser l'étude des langues principales. Il est temps aussi que dans cette réconciliation générale, chaque état abjure les préjugés que l'excès de l'orgueil national inspire trop universellement : les littératures des Anglais, des Italiens, des Allemands méritent sans doute d'être connues des hommes de lettres ; et la France gagnera toujours à donner l'exemple de chercher de nouvelles richesses chez les étrangers.

Mais l'enseignement des langues vivantes deviendroit pernicieux à notre littérature, s'il n'étoit réglé avec sagesse et circonspection ; c'est pourquoi je proposerois de le comprendre d'une manière tout-à-fait directe dans le système de l'instruction publique. On sait bien que toutes les écoles ne demandent pas des professeurs de ces langues ; mais les grands ports, les villes considérables, celles qui sont situées sur les frontières, réclament l'établissement de chaires des langues parlées par les nations les plus voisines, et avec lesquelles elles entretiennent le plus de rapports. Deux espèces d'élèves seroient seuls admis à ces cours : ce sont ceux qui pressés de se livrer au commerce, ne peuvent consacrer les premières années de leur jeunesse à une étude libérale, et ceux qui ont eu le bonheur d'avoir reçu une éducation complette ; car il ne faudroit pas que des jeunes gens, avant d'avoir le goût un peu formé, traduisissent Homère et Milton, l'Orlando et l'Enéide. Cette dernière mesure contrarieroit peut-être les vues de quelques parens qui manquant de l'instruction qu'ils cherchent à procurer à leurs enfans, veulent qu'ils apprennent à la fois beaucoup de choses différentes : c'est servir cès parens que de les éclairer dans leurs vœux. Il seroit à désirer que les professeurs sussent, sinon le grec, au moins le latin : ils ne seroient pas pris parmi ces hommes de toute couleur qui colportent de ville en ville leur ignorance déguisée par un mauvais jargon.

L'Université a une foule de détracteurs ; mais la génération qui peuple les écoles leur répond assez par ses progrès. C'est la seule gloire que le corps enseignant ambitionne, et elle ne lui sera pas contestée par la postérité qui apprendra, non sans admiration, que ce fut au milieu de toutes les persécutions, que, fort de ses lumières et soutenu contre la tyrannie par son seul dévouement, il est parvenu à faire refleurir la saine instruction dont elle jouira. Il a tout fait aussi pour préserver la jeunesse de la dépravation des mœurs ; mais, hélas ! ses efforts ont été trop souvent impuissans. Les principes qui avoient présidé à son organisation y étoient même opposés. Lorsque le Tribunat discuta la loi de l'an 10 sur l'instruction publique, M. Daru demanda :

« Comment se fait-il que le gouvernement qui
vient de rendre au peuple sa religion, n'en ait
pas fait une des bases principales de son système
d'instruction publique ? Sans elle, l'instruction
peut bien être commencée, mais l'éducation ne
peut être perfectionnée.» « C'est que l'instruction
publique et la religion, répondit l'orateur du
gouvernement, doivent être deux institutions
différentes : elles vont au même but, mais par
des routes différentes. La philosophie a tendu
les bras à la religion, et le grand acte qui res-
taure celle-ci n'est point son triomphe exclusif,
il est le triomphe de l'un et de l'autre (1). » Le
gouvernement de 1808 disoit de même à la
nation : « L'éducation civile et l'instruction reli-
gieuse auront une double direction indépen-
dante. On ne les verra désormais ni se heurter,
ni tenter de se dominer : heureuse alliance vaine-

---

(1) M. Rœderer ne devoit pas oublier que c'étoit
aussi le triomphe de la Police. En l'an VIII, des
Professeurs ayant annoncé qu'on suivroit dans leur pen-
sionnat les exercices du culte comme anciennement, le
ministre de la Police ordonna la suppression de leur
programme : « La Police, écrivoit-il, doit diriger l'es-
» prit public dans une voie plus saine, et le ramener
» sans cesse aux maximes avouées par la raison et la
» philosophie. »

ment recherchée jusqu'à ce jour, et qu'il faut regarder comme consommée par les combinaisons profondes et la distribution des moyens établis par les constitutions de l'Université. » Il y avoit sans doute beaucoup à s'applaudir d'avoir ôté à l'éducation son puissant véhicule. C'est elle qui propage la morale publique, et on lui ôte les secours de la religion ! Que peut-elle lorsque cette religion est opprimée ?

A présent que la France est revenue sous le gouvernement paternel de ses rois légitimes, l'instruction va recevoir les plus favorables améliorations. Louis XVIII, héritier de l'âme généreuse de Henri-le-Grand, et de son respect pour la liberté de ses peuples, se complaira comme lui à porter sa plus douce sollicitude sur *sa fille aînée*. Le trône antique sur lequel il vient de remonter avec tant de gloire, a reçu des atteintes plus funestes encore que dans les guerres de la Ligue et de la Fronde : bien des plaies sont à fermer, bien des maux à guérir : mais l'Université, toujours digne de son titre, est heureuse déjà de sa restauration prochaine. Elle sait que les vœux qu'elle a déposés aux pieds du trône ont été entendus, et l'espérance qu'elle en a rapporté, lui fait oublier tous ses malheurs. On lui demande de faire de ses enfans des citoyens vertueux, de bons français : elle n'est plus contrainte de les entretenir d'un état de choses qui feroit bannir à jamais les éloges, s'il n'étoit pas toujours nécessaire d'en donner à la vertu pour porter à l'imiter : désormais elle n'a plus à séparer de sa soumission à l'autorité son amour et son respect. Enfin, le corps dépositaire de la science, entouré des honneurs et des prérogatives qui lui sont dus, va être replacé parmi les premières institutions de l'Etat ; et l'Université remise sous la protection immédiate du roi, redoublera de zèle pour rendre à la France le lustre le plus pur de sa gloire.

www.ingramcontent.com/pod-product-compliance
Lightning Source LLC
LaVergne TN
LVHW020001180726
843503LV00008B/3765